Mein eigenes Titelblatt

Wie könnte dein eigenes Logo* aussehen?

✏ Zeichne es!

Nimm dafür deinen Vornamen, deine Anfangsbuchstaben oder einen Fantasie-Namen. Oder finde ein Zeichen oder ein Bild, das zu dir passt!
Zum Beispiel steht ein Löwe für Mut, ein Weg für eine weite Reise …

Beginn mit einer einfachen Zeichnung. Du kannst später an deinem Logo weiterarbeiten. Ein Logo braucht oft sehr viel Zeit, bis es ganz fertig ist.

Zeichne dein Logo auf alles, was dir gehört: deine Hefte, deine Bücher, dein Tagebuch…

— *Tipp:* Du kannst die Titelseite nach hinten falten, dann ist diese Seite dein Titelblatt.

* das Logo — das Zeichen einer Firma

Ober-Thema. Es gibt drei Ober-Themen: Ich selbst / Meine Welten / Ich im Neuland

Thema der Seite

Wie funktioniert das Logbuch?

 Für Anfänger⚥ und Experten⚥ in der deutschen Sprache

 Für Experten⚥ in der deutschen Sprache

 schreiben

 malen oder zeichnen

💬 sprechen mit anderen Personen (tausch dich aus)

✕ ein Kreuz machen

▶ Aktivität außerhalb des Logbuchs

💭 nachdenken

☺ Wenn sehr starke Gefühle kommen, die du nicht möchtest, dann klapp das Logbuch zu und mach später weiter. Atme tief aus. Gefühle kommen und gehen wieder.

Wörter mit Sternchen*
Diese Wörter werden unten auf der Seite erklärt.

Unterstreichungen (↑ Unterstreichung)
Diese Wörter sind besonders wichtig.
Such diese Wörter im Wörterbuch.
In der Klammer steht das Wort, das du im Wörterbuch findest.

⚥ Das ist das Zeichen für Mann und Frau.
Beispiel: Freunde⚥ = Freunde und Freundinnen

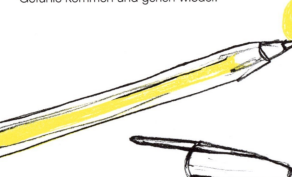

Welches Datum ist heute? Schreib es auf.

Wo bist du gerade? Schreib es auf.

Wie geht es dir heute?
Mach dort ein Kreuz auf der Linie.
Mach zum Beispiel das Kreuz weit links, wenn du sehr entspannt bist. Oder ganz rechts, wenn du gerade sehr viel Stress hast.

Datum

Ort

Stress

Wer bin ich?

Was dir gefällt und was dir nicht gefällt, verändert sich. Es zeigt, wer du gerade bist.

✏ Schreib auf, was dir einfällt:

Diese Dinge mag ich gerade:

Diese Internetseiten

www. ....

....

Hier kannst Du ein Foto von dir einkleben!

Tipp: Du kannst einfach ein Handyfoto in einem Geschäft (zum Beispiel: Drogerie) ausdrucken. Das geht schnell, einfach und ist günstig.

Diesen Film

....

Diese Musik

....

Diese Mode

....

Und…

....

Das bringt mich zum Lachen:

....

Das mache ich gerade gern:

....

Das ist gerade ganz wichtig für mich:

....

Das gefällt mir gerade überhaupt nicht:

....

Hallo :)

ICH SELBST 02

Schau dich morgens beim Zähneputzen im Spiegel an. Welchen schönen Satz könntest du dir selbst sagen?
Beispiele: „Du bist toll, so wie du bist!", „Ich mag dich!"

✏ Schreib auf: So begrüße ich mich morgens:

— *Tipp:* Wiederhol diese Übung eine Woche lang jeden Morgen. Spürst Du eine Veränderung?

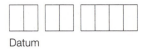
Datum

Ort

Stress

Achterbahn der Gefühle*

Manche Tage sind wie eine Achterbahn. Es geht hoch und runter. Du fühlst dich gut, dann schlecht, dann wieder gut ... Kennst du das?

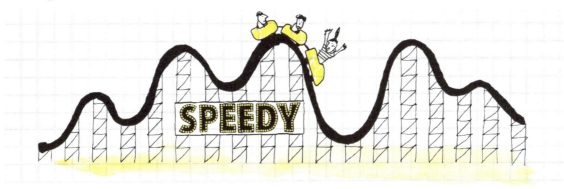

💬 Denk an so einen Tag! Denk an verschiedene Situationen (↑ *Situation*)!
✏️ Zeichne von diesem Tag eine Achterbahn und mach für jede Situation ein Kreuz ✕.

✏️ Schreib über diesen Tag!

....

....

....

— *Tipp:* Wenn du fühlst, dass du unten bist, dann denk daran, dass es immer wieder nach oben geht. Vielleicht bist du morgens sehr müde, wenn du aufstehen musst. Dann hast du ein gutes Frühstück und es geht dir schon besser. Vielleicht verpasst du den Bus und fühlst dich schlecht. Dann aber siehst du deine Freunde⚥ in der Schule und es geht dir gut.

☹ Wenn sehr starke Gefühle kommen, die du nicht möchtest, dann **klapp das Logbuch zu** und mach später weiter.
Atme tief aus. Gefühle kommen und gehen wieder.
Schau dich in deiner Umgebung um. Was siehst du? Was hörst du? Was fühlst du? Benenn je 5 Dinge.
Oder sprich mit Freunden⚥ und Familie, Lehrern⚥ oder einem Psychotherapeuten⚥** darüber.

* das Gefühl — das, was ein Mensch in sich fühlt (↑ *fühlen*)

** der Psychotherapeut⚥ — Ein Psychotherapeut⚥ (oder auch Psychologe⚥, Arzt⚥) kennt sich sehr gut mit Gefühlen aus und hilft dir, wenn es deiner Seele schlecht geht. Du kannst mit ihm⚥ über alle deine Probleme und Gedanken sprechen. Er⚥ darf niemandem davon erzählen.

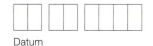

Wie geht es mir?

Wie fühlst (↑ *fühlen*) du dich?
(Umkreis) alle passenden Wörter (am besten mit Bleistift)!

✏ Schreib dann einen Text
oder 🖍 mal ein Bild dazu.

neidisch
frustriert
sicher
Ich habe Langeweile.
deprimiert
froh
müde
Ich schäme mich.
erschöpft
gestresst
k.o.
mutig
konzentriert
unzufrieden
wohl
Ich bin voller Energie.
hilflos
einsam
beleidigt
enttäuscht
schockiert
begeistert
in Panik   verzweifelt   unsicher
optimistisch

Ich fühle mich ...

Datum   Ort   Stress

Wie geht es mir?

verlegen

skeptisch   unglücklich

zufrieden   unwohl   ungeduldig

Ich mache mir Sorgen.

neugierig

verliebt   glücklich

eifersüchtig

dankbar   entspannt

wütend

stolz   verletzt

Ich habe Angst.

Ich bin voll Hass.

genervt

durcheinander

traurig   überrascht

Sieh dir diese Seite nach ein paar Wochen wieder an.
Was hat sich verändert?
Schreib einen neuen Text oder mal ein neues Bild.

☺ Wenn sehr starke Gefühle kommen, die du nicht möchtest, dann **klapp das Logbuch zu** und mach später weiter.
Atme tief aus. Gefühle kommen und gehen wieder.
Schau dich in deiner Umgebung um. Was siehst du? Was hörst du? Was fühlst du? Benenn je 5 Dinge.
Oder sprich mit Freunden⚥ und Familie, Lehrern⚥ oder einem Psychotherapeuten⚥ darüber.

Datum   Ort   Stress

Ich liebe dich

✎ Schreib „Ich liebe dich" in so vielen Sprachen, wie du kannst!

Ich liebe dich

💬 Tausch dich mit Freunden aus!
Wer kennt die gleichen Sprachen wie du? Wer bringt dir den Satz in einer neuen Sprache bei?
Wem kannst du den Satz in einer neuen Sprache beibringen?

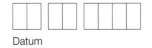
Datum

Ort

Stress

Hier ist es schön

Wie sieht ein schöner und entspannter (↑ *entspannt*) Ort für dich aus?

Lies dir die Geschichte langsam und ruhig durch. Es ist nicht wichtig, dass du jedes Wort verstehst.
Du kannst dir die Geschichte auch vorlesen lassen. Wenn du möchtest, schließ dabei die Augen.

*Stell dir vor, du stehst mitten auf einer großen, grünen Wiese.
Es ist ein sonniger, warmer Tag.
Ein paar Wolken (↑ Wolke) ziehen am Himmel vorbei.
Auf der Wiese stehen ein paar Bäume (↑ Baum), die Schatten geben.
Die Wiese ist weich und angenehm kühl.
Es ist ganz ruhig, nur ein paar Vögel (↑ Vogel) hörst du singen
und leise die Blätter der Bäume rascheln.
Ein kleiner Bach fließt an der Wiese vorbei.
Du siehst kleine Fische (↑ Fisch) darin schwimmen.
Du riechst frisches Brot, das auf einer kleinen Decke
neben dir liegt.
Du schließt die Augen, spürst die Sonne in deinem Gesicht
und fühlst dich vollkommen entspannt und glücklich.*

💬 Wie sieht der Ort aus, an dem du dich entspannt und glücklich fühlst?
✏ Schreib eine Geschichte über deinen Ort oder 🖌 zeichne ihn.

— **Tipp:** Wenn du das nächste Mal sehr gestresst bist, kannst du an deinen schönen Ort denken.

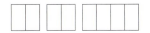

Hallo Neuland*!

💬 Erinnere dich: Wie war das, als du in Deutschland angekommen bist? Die ersten Tage!
Was hast du gesehen, gehört, erlebt, gefühlt, gerochen, …?

✏️ Schreib einen Brief! Schreib alles auf, was dir einfällt und stell auch Fragen an Deutschland!

> Hallo Deutschland!
>
>
>
> Viele Grüße!

💬 Überleg: Wer könnte dir antworten?
Vielleicht sprichst du jemanden an, der*die schon länger hier lebt oder hier aufgewachsen ist.

* das Neuland — Wir meinen damit: Ich komme in einem Land an, das ich noch nicht kenne. Dann ist das Neuland für mich.
Oder: Ich lebe schon lange in einem Land. Es kommen viele Menschen neu an. Damit verändert sich das Land. Es wird ein Neuland für mich.

Datum  Ort  Stress

ICH IM NEULAND 09

Jemand an meiner Seite

Wusstest du das schon? Zu einem Termin in einer Behörde kannst du jemanden mitnehmen. Das steht so im Gesetz.

> „Ein **Beteiligter** kann zu Verhandlungen und Besprechungen mit einem **Beistand** erscheinen."
> Verwaltungsverfahrensgesetz, Paragraf 14, Absatz 4

Beteiligter → du

Beistand → eine Person, die du auswählst und die dich unterstützt.

Du kannst den Text fotografieren
oder eine Kopie machen, ausschneiden und in dein Portmonee stecken.

▸ Such dir jemanden, der dich zu wichtigen Behörden-Terminen begleitet.
Das kann zum Beispiel ein guter Freund⚥, ein Nachbar⚥, ein Betreuer⚥ sein.
Nimm diesen Zettel mit und zeig ihn vor, falls notwendig.

— *Tipp:* Für geflüchtete Menschen gibt es in vielen Städten ehrenamtliche* Helfer⚥, die dich begleiten können.

— *Tipp:* Hier findest du dieses und andere Gesetze:
www.gesetze-im-internet.de > Titelsuche: Verwaltungsverfahrensgesetz

* ehrenamtlich — die Person, die etwas für andere tut, bekommt dafür kein Geld

Datum

Ort

Stress

MEINE WELTEN 10

Meine Mission* 1

BESTE FREUNDE

▶ Entscheide, was du machen möchtest:

— Deine Mission

Mach einem guten Freund⚥ ein kleines Geschenk, zum Beispiel ein Eis oder eine schöne Blume.

— Deine Mission

Schreib einem guten Freund⚥ eine SMS oder eine Postkarte.

— Deine Mission

Koch für einen guten Freund⚥ ein Essen.

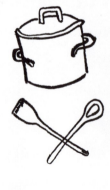

— Deine Mission

Mach einen Ausflug mit einem guten Freund⚥.

* die Mission — ein besonderer Auftrag, eine besondere Aufgabe

Datum   Ort   Stress

ICH SELBST 11

Angst!

Angst zu haben ist normal und sogar sehr wichtig, denn sie schützt uns bei Gefahren (↑ *Gefahr*). Wenn wir keine Angst haben, laufen wir zum Beispiel auf die Straße, ohne nach den Autos zu schauen.

Aber was kannst du machen, wenn die Gefahr vorbei ist, aber die Angst bleibt?

— *Tipp:* Diese Übung ist sehr persönlich. Wenn du möchtest, dann mach die Übung in deiner Sprache.

💬 Überleg: Wovor hast du Angst?
✏ Schreib es kurz auf:

....

....

Was machst du gegen die Angst?

✏ Schreib es auf:

....

....

Etwas gegen die Angst zu tun, ist gut,
- weil die Angst dann schneller vorbei geht.
- weil die Angst ganz weg geht.
- weil du stärker wirst.

Was möchtest du das nächste Mal machen, wenn die Angst kommt?

✏ Schreib es auf:

....

....

....

....

😐 Wenn sehr starke Gefühle kommen, die du nicht möchtest, dann **klapp das Logbuch zu** und mach später weiter. Atme tief aus. Gefühle kommen und gehen wieder.
Schau dich in deiner Umgebung um. Was siehst du? Was hörst du? Was fühlst du? Benenne je 5 Dinge.
Oder sprich mit Freunden⚥ und Familie, Lehrern⚥ oder einem Psychotherapeuten⚥ darüber.

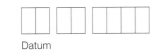
Datum

Ort

Stress

Alle meine Sprachen

💬 Denk an alle Sprachen und Dialekte (↑ *Dialekt*), die zu dir gehören und die in deinem Leben wichtig sind. Es ist egal, wie gut du sie kannst.

✏️ Mal alle deine Sprachen in diesen Körper hinein. Gib jeder Sprache eine andere Farbe. Es ist ganz egal, wie gut du die Sprache kannst. Du brauchst viele bunte Stifte.

☐ ....
Farbe Sprache

☐ ....

☐ ....

☐ ....

☐ ....

☐ ....

☐ ....

☐ ....

Möchtest du mit jemandem über dein Bild sprechen? Mit wem?

💬 Stellt euch gegenseitig eure Bilder vor.

✏️ Schreib einen Text über dein Sprachen-Bild.
Zum Beispiel: Schreib das auf, was du gerade jemandem erzählt hast.

....

....

....

....

....

....

....

Ein besonderes Lern-Erlebnis*

Vielleicht hast du

- lesen gelernt, weil dir Buchstaben den Weg durch die Welt zeigen.
- Freunde finden gelernt, damit ihr euch gegenseitig in der Welt helfen könnt.
- laufen gelernt, um die Welt selbstständig zu entdecken.
- nähen gelernt, um für dich selbst Kleidung herzustellen (↑ *herstellen*).

Was hast du zuletzt gelernt und warum?

Was war ein ganz besonderes Lern-Erlebnis in deinem Leben?

💬 Tausch dich mit Freunden darüber aus!

* das Lern-Erlebnis — Dieses Wort haben wir uns ausgedacht. Es bedeutet, dass du die Welt um dich herum erlebst und dabei ganz viel lernst.

Ich bin einzigartig*

✏ Schreib in den Körper hinein, was Würde** bedeutet.
Lies dazu die Erklärung, die unten auf der Seite steht.
Hinweis: Du kannst die Erklärung in Ich-Form abschreiben oder einen eigenen Text formulieren.

✏ Schreib jetzt um deinen Körperumriss herum das Wort Respekt*** in ganz vielen verschiedenen Sprachen.

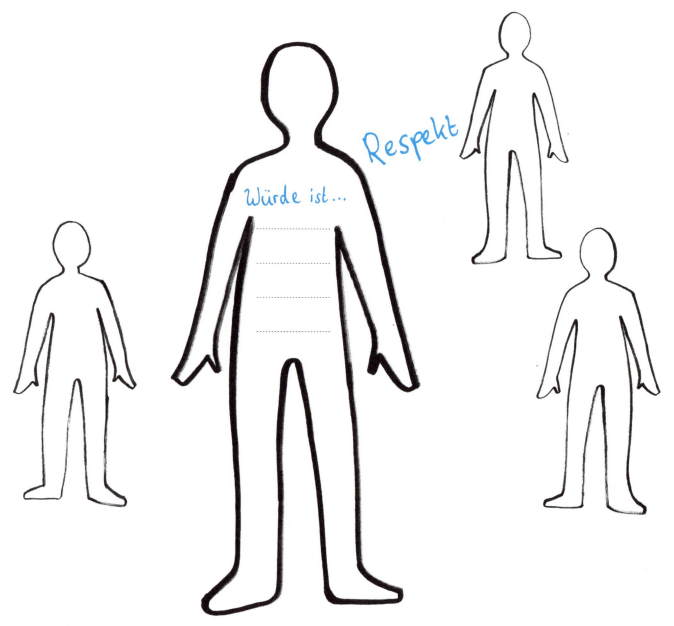

Würde ist...

Respekt

* einzigartig — einmalig, gibt es nur einmal auf der ganzen Welt

** die Würde — Jeder Mensch hat seine Bedeutung und seinen Wert, ganz egal, wo er herkommt, wie alt er ist, welches Geschlecht er hat. Dabei ist es auch egal, ob er arm ist oder reich, welche Religion er hat, wie er aussieht oder was er gemacht hat. Jede Person hat ihre ganz eigene Würde, die sich aus ihrem Menschsein ableitet. Sie muss respektiert werden, sie darf nicht wie eine leblose Sache behandelt oder verachtet werden. Diese Menschenwürde muss geschützt werden. Das steht im Grundgesetz der Bundesrepublik Deutschland, Artikel 1. (www.bpb.de > Suche: Würde)

*** der Respekt — eine Haltung, mit der du zeigst, dass du jemanden sehr achtest

ICH IM NEULAND 15

„So nicht!" Mein Beschwerde-Brief

Hast du dich einmal in Deutschland <u>ungerecht</u> <u>behandelt</u> (↑ *behandeln*) gefühlt?
In Deutschland hast du verschiedene Möglichkeiten, <u>dich</u> zu <u>beschweren</u> (↑ *sich beschweren*).
Du kannst einen Brief schreiben oder persönlich mit den Menschen über dein Anliegen* sprechen.

Zum Beispiel kannst du dich beschweren: bei der Bundeskanzlerin, dem Bürgermeister⚥ deiner Stadt oder der Polizei. Aber du kannst dich auch beschweren bei der Bahn, im Supermarkt, bei deiner Schulleitung oder bei dem Klassenlehrer⚥, wenn dich jemand ungerecht behandelt hat.

✏ Schreib einen Beschwerde-Brief!

Wo möchtest du dich beschweren?

Wer war da?

Was ist passiert?

Was war ungerecht?

Was hättest du dir gewünscht?

Was ist dein <u>Vorschlag</u> zur <u>Verbesserung</u>?

* das Anliegen — etwas liegt einem am Herzen, etwas ist ganz wichtig. Ein Anliegen kann eine Frage, eine Bitte oder ein Wunsch sein.

Datum

Ort

Stress

ICH SELBST 16
Was brauche ich für ein glückliches Leben?

Was brauchst du für ein glückliches Leben? ✗ Kreuz an:	Wieviel hast du jetzt davon? ✎ Mal die Sterne aus: ★ = wenig ★★★★★ = viel	Wie war es in dem Land, aus dem du kommst?
☐ genug zu essen und trinken	☆☆☆☆☆	☆☆☆☆☆
☐ Schutz und Sicherheit *zum Beispiel: ein sicherer Schlafplatz, eine Wohnung, Arbeit oder Schule*	☆☆☆☆☆	☆☆☆☆☆
☐ Familie und Freunde	☆☆☆☆☆	☆☆☆☆☆
☐ Chance, dass sich meine Wünsche erfüllen	☆☆☆☆☆	☆☆☆☆☆
....	☆☆☆☆☆	☆☆☆☆☆

💬 Tausch dich mit Freunden darüber aus, wie dein Leben noch glücklicher werden kann.

Verliebt

MEINE WELTEN 17

Dein Herz schlägt höher, wenn du sie oder ihn siehst? Du hast Schmetterlinge (↑ *Schmetterling*) im Bauch? Du bist verliebt?

Was machst du? Wie flirtest* du?

Beispiele:
Ich mache der Person ein Kompliment.
Ich schreibe der Person auf schönem Papier einen Brief.
Ich schenke der Person am Valentinstag (jedes Jahr am 14. Februar) etwas, zum Beispiel eine Blume.
Ich lade die Person zum Eisessen ein.

Sammle Beispiele!
✎ Schreib sie hier auf!

flirten

💬 Tausch dich auch mit Freunden 👥 darüber aus! Welche Flirt-Tipps haben sie?
✎ Schreib ihre Tipps auf!

— **Tipp:** Liebe auf Deutsch – ein Spiel: www.goethe.de > Deutsch üben > Spiel – Liebe auf Deutsch

* flirten — einer Person durch Blicke, Gesten (↑ *Geste*) oder mit Worten zeigen, dass du sie sympathisch und attraktiv findest.

Datum Ort Stress

ICH SELBST 18 — Wie lerne ich trotz Stress*?

✎ Was macht dir Stress? Schreib es hier auf!

....

....

✎ Wie fühlt sich dein Körper an, wenn du Stress hast?

....

....

✗ Kreuz an: Welchen Stress kennst du?

☐ **Normaler Stress:** Stress hat jeder Mensch manchmal. Zum Beispiel wegen einer wichtigen Prüfung in der Schule. Er hilft, damit du dich auf die Schule konzentrierst und nicht faul bist.

☐ **Sehr großer Stress:** Diesen Stress haben Menschen manchmal, die sehr große Probleme in ihrem Leben haben. Wenn du sehr großen Stress hast, kannst du nicht lernen. Du musst erst etwas tun, damit der Stress kleiner wird.

✗ Kreuz an, wie viel Stress du gerade hast:

| 1 | 2 | 3 | 4 | 5 | 6 | 7 | 8 | 9 | 10 |

entspannt ☺   *großer Stress: hier kannst du nicht mehr lernen*   sehr großer Stress ☹

✗ Kreuz an, was du gerne mal gegen **normalen Stress** ausprobieren möchtest oder schon machst:

☐ eine schöne, ruhige Umgebung zum Lernen schaffen (zum Beispiel in der Bibliothek oder deinem Zimmer)

☐ Lernziele (↑ *Lernziel*) stecken und dich danach belohnen (zum Beispiel mit einem lernfreien Tag mit Freunden⚥)

☐ ein Ziel für dein Leben überlegen und über deinen Traumberuf nachdenken

☐ ausschlafen

☐ die Seite 55 („Mein starker Gedanke") machen und die Karte über meinem Arbeitsplatz aufhängen

☐ Lehrern⚥ davon erzählen und Tipps holen

☐ etwas richtig Schönes machen und neue Energie bekommen

☐ ....

✗ Kreuz an, was du gerne mal gegen **sehr großen Stress** ausprobieren möchtest oder schon machst:

☐ Sport machen und Energie los werden

☐ Lehrern⚥ davon erzählen

☐ dich ablenken und etwas ganz anderes machen

☐ kalt das Gesicht waschen, wenn der Stress ganz groß ist

☐ raus gehen

☐ mit Freunden⚥ über den Stress sprechen

* der Stress — Belastung, Druck durch Probleme

Datum Ort Stress

Mein Schulplatz

ICH IM NEULAND 19

> „Jedes Kind und jeder Jugendliche hat das
> Recht auf Bildung, Schule und Berufsbildung."
> UN-Kinderrechtskonvention*, Artikel 28

Hast Du einen Schulplatz?

🖉 Ja? Schreib darüber. Wie hast du deinen Schulplatz bekommen?

🖉 Nein? Was kannst du tun, um einen Schulplatz zu bekommen? Schreib darüber.

Kennst du jemanden, der oder die keinen Schulplatz hat?
💬 Überleg, was du tun kannst!

— *Tipp:* Zum Nachlesen: www.kinderrechtskonvention.info > Suche: Bildung > Recht auf Bildung, Recht auf Schule

* die UN-Kinderrechtskonvention (UN-KRK) — ist eine weltweite Vereinbarung zum Schutz der Kinder, die von fast allen Ländern dieser Welt ratifiziert (↑ *ratifizieren*), d.h. als nationales Recht vom Parlament akzeptiert wurde. In der UN-KRK sind die Menschenrechte speziell für Kinder, also für alle, die noch nicht 18 Jahre sind, aufgeschrieben. Alle Staaten, die die UN-KRK unterzeichnet haben, müssen diese Kinderrechte respektieren und sie schützen. (vgl. www.b-umf.de > Publikationen > Willkommensbroschüre > Glossar)

Datum   Ort   Stress

Mein Welten*-Diplom

✎ Schreib dir selbst ein Diplom!

Denk an alles, was du schon erlebt hast, geschafft hast, erreicht hast!
Denk an alles, was du weißt und kannst!

Beispiele: Ich habe Kindern in Marokko Arabisch beigebracht. / Ich kann Ukulele spielen. / Ich kann gut zuhören. Ich weiß, was die Wolken über das Wetter sagen. / Ich kann das beste Kabuli kochen. / Ich weiß, wo es … gibt. Ich habe viel Trauriges <u>überwunden</u> (↑ überwinden). / Ich habe schon eine Deutschprüfung geschafft.

WELTEN-DIPLOM

Das kann ich gut:

....

....

....

....

Das habe ich erlebt:

....

....

....

....

Das weiß ich:

....

....

....

....

Das habe ich geschafft:

....

....

....

....

Datum   Deine Unterschrift

GUT GEMACHT!

* Welten, die Welt — Du hast in deinem Leben schon viele Welten kennengelernt: die Welt deiner Familie, die Welt deiner Freunde☺, die Welt der Schule, die Welt der Behörden...

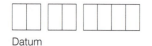
Datum

Ort

Stress

Meine Meinung* ist wichtig

ICH IM NEULAND 21

„Jeder hat das Recht, seine Meinung
in Wort, Schrift und Bild
frei zu äußern und zu verbreiten."**
Grundgesetz***, Artikel 5

In welcher Situation wurdest du…

…nach deiner Meinung gefragt?

…**nicht** nach deiner Meinung gefragt?

In welcher Situation hast du deine Meinung…

… frei geäußert (↑ *äußern*)?

… verschwiegen (↑ *verschweigen*)?

Hast **du** mit deiner Meinung schon einmal jemanden **traurig** oder **wütend** gemacht?

Hat **jemand** dich schon einmal mit seiner Meinung **traurig** oder **wütend** gemacht?

— *Tipp:* Hier findest du das ganze Grundgesetz: www.bpb.de/shop > Bücher > Rechtsreihe > Grundgesetz

* die Meinung — das, was du über jemanden denkst / das, was du über etwas denkst
** die Meinungsfreiheit — das Recht, frei und öffentlich zu sagen, was du denkst
*** das Grundgesetz — Verfassung der Bundesrepublik Deutschland

Datum | Ort | Stress

Meine Mission* 2:
Wer sind meine Nachbarn?

Wer wohnt neben dir? Im Zimmer neben dir? In der Wohnung neben dir? Im Haus neben dir?
▶ Geh hin und sag „Hallo"!

💬 Überleg: Was könnt ihr teilen? Wie könnt ihr euch gegenseitig helfen? Habt ihr gemeinsame Interessen?

* die Mission — ein besonderer Auftrag, eine besondere Aufgabe

Datum

Ort

Stress

Blöde Sprüche – weg damit!

💬 Welche blöden Sprüche machen dich wütend, traurig oder klein? Denk kurz nach.
✏️ Du kannst diese Sprüche in die Sprechblasen schreiben.
Du musst sie niemandem zeigen!

Wie hast du auf diese Sprüche reagiert?

☐ Ich habe nichts gesagt.   ☐ Ich habe geantwortet: „..."

☐ Ich bin weggegangen.   ☐ ....

✏️ Wie hast du dich gefühlt?

....

✂️ Schneid die Seite heraus.
🗑️ Und wirf sie weg!

Mach auf Seite 25 weiter!

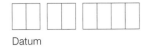
Datum

Ort

Stress

Blöde Sprüche – das hilft!

Du hast die blöden Sprüche weggeworfen. Wie fühlst Du dich jetzt?

....

✏ Wer kann dir bei blöden Sprüchen helfen?
(in der Schule, Freunde⚥)

....

💭 Überleg: Wie kannst du auf blöde Sprüche reagieren? ✏ Schreib es hier auf!

💬 Tausch dich mit Freunden⚥ darüber aus!

— *Tipp:* Es gibt viele Gruppen, die sich gegen blöde Sprüche und Diskriminierung* stark machen. Hier kannst du mitreden, mitgestalten und dich mit anderen für deine Rechte einsetzen:

Jugendliche ohne Grenzen: Gruppe von Jugendlichen mit Fluchterfahrung → www.jogspace.net
Women in exile: Gruppe von Frauen mit Fluchterfahrung → www.women-in-exile.net
NeRas: Gruppe gegen Rassismus an Schulen → www.neras.de
Initiative Schwarze Menschen in Deutschland → www.isdonline.de
Phoenix e.V.: Initiative gegen Rassismus → www.phoenix-ev.org

* die Diskriminierung — wenn jemand benachteiligt oder herabgesetzt wird

Datum Ort Stress

Die Stadt meiner Träume

Wie möchtest du mit deinen Freunden und deiner Familie leben?

✏ Zeichne die Stadt deiner Träume (↑ *Traum*)!
💭 Überleg: Was gefällt dir an einer deutschen Stadt, was an einer Stadt in dem Land, aus dem du kommst?

💬 Tausch dich mit Freunden über eure Städte aus!

Datum   Ort   Stress

helfen – jobben* – arbeiten

Schreib alle Arbeiten auf, die du schon in deinem Leben gemacht hast.

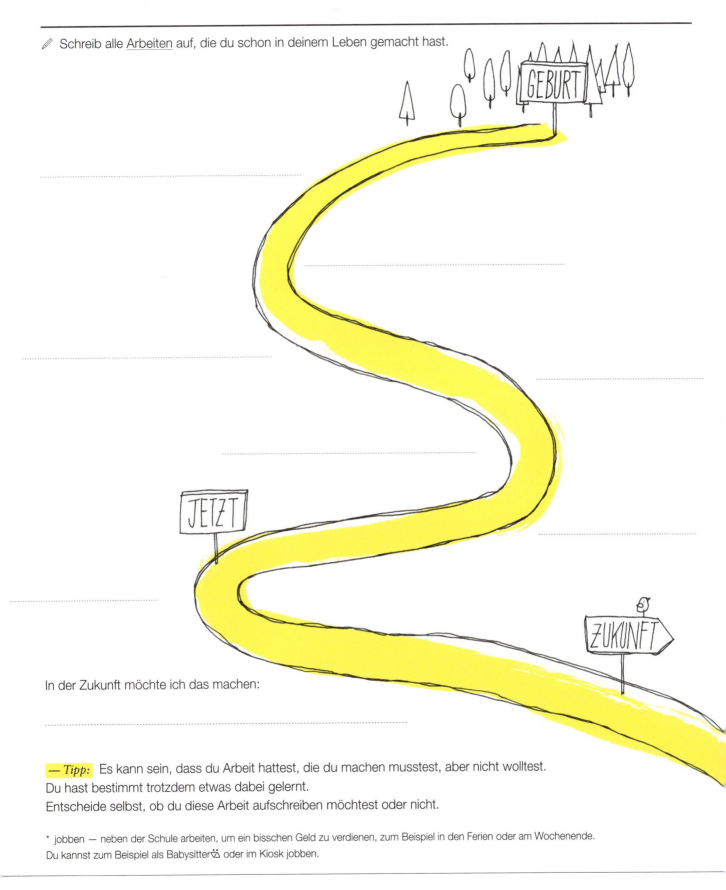

In der Zukunft möchte ich das machen:

— *Tipp:* Es kann sein, dass du Arbeit hattest, die du machen musstest, aber nicht wolltest.
Du hast bestimmt trotzdem etwas dabei gelernt.
Entscheide selbst, ob du diese Arbeit aufschreiben möchtest oder nicht.

* jobben — neben der Schule arbeiten, um ein bisschen Geld zu verdienen, zum Beispiel in den Ferien oder am Wochenende.
Du kannst zum Beispiel als Babysitter oder im Kiosk jobben.

Datum Ort Stress

Hier habe ich Familie und Freunde

Wo auf der Welt hast du Freunde und Familie?

✏ Zeichne es in die Weltkarte. Benutz für jede Person eine eigene Farbe.

✏ Schreib zu jeder Person, was sie gerne mag oder gut kann.
Beispiel: „Tante Maryam in Kanada liebt Filme und kann gut Geschichten erzählen."

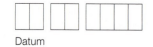

Hier habe ich Familie und Freunde

— *Tipp:* Wenn du Menschen vermisst (↑ *vermissen*) und nicht weißt, wo sie sind, kann dir zum Beispiel das „Deutsche Rote Kreuz" (DRK) beim Suchen helfen. Hinten im Logbuch findest du dazu zwei Internetadressen.

☹ Manchmal machen Gedanken an die Familie traurig.
Das ist ganz normal.
Wenn du gerade nicht daran erinnert werden möchtest,
dann **klapp das Logbuch zu** und mach später weiter.
Atme tief aus. Gefühle kommen und gehen wieder.
Schau dich in deiner Umgebung um. Was siehst du? Was hörst du? Was fühlst du?
Benenn je 5 Dinge.
Oder sprich mit Freunden, Familie, Lehrern oder einem Psychotherapeuten darüber.

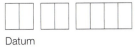

Meine Mission* 3

▶ Sprich mit jemandem, mit dem du noch nie gesprochen hast.
Ein Mensch, der ganz anders ist als du.

DU UND ICH

Was hast du dabei gefühlt?

🖉 Schreib es auf!

....
....
....
....
....
....

* die Mission — ein besonderer Auftrag, eine besondere Aufgabe

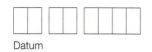

ICH IM NEULAND 31

Das ist Deutschland für mich

Welche Wörter gehören für dich zu Deutschland? Umkreis die Wörter.

Regeln **TO-DO-LISTEN** sozial **HAUSTIERE**

BEI ROT NICHT ÜBER DIE AMPEL GEHEN *Bundestag*

Hunde im Restaurant **ERNST** *wenig Kinder*

IM RESTAURANT GETRENNT ZAHLEN viele Kirchen

Menschen sprechen wenig **CURRYWURST**

NETTE LEUTE Zug fahren **REGEN** *Gesetze*

Menschen leben ohne Familie **BÜROKRATIE**

VIELE PAPIERE *Alkohol* Bundeskanzler

Urlaub **MOSCHEEN** Stress *Euro* **TORTEN**

IN EINER SCHLANGE WARTEN *Freundlichkeit*

Fußball **SPARSAM** *Auto* **SPASS** Reichtum

BEHÖRDEN *Bier* Schweinefleisch **KALT**

Was fällt dir noch ein? ✎ Schreib es hier auf!

....

....

💬 Tausch dich mit Freunden aus!

💭 Überleg: Hat sich dein Bild von Deutschland verändert, seitdem du hier bist?

Datum

Ort

Stress

Schule im Test

Welche Probleme gibt es an deiner Schule / in deinem Deutschkurs?

✏️ Schreib eine Liste.

💬 Vergleich deine Liste mit den anderen.

💬 Überlegt gemeinsam: An welchen Problemen könnt ihr etwas ändern? Was könnt ihr tun? Mit wem könnt ihr darüber sprechen?

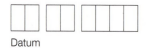

Mein Kopfkino

Manchmal ist der Kopf voll von Angst, Sorgen (↑ *Sorge*) und Zweifeln (↑ *Zweifel*).
Kennst du das?

In unserem Kopf läuft dann oft ein Film ab, der nicht wirklich ist. Wir sagen dazu: Kopfkino.

Beispiel:
1. Situation: Ein Junge wartet auf eine Nachricht von seiner Freundin, aber sie meldet sich nicht.
2. Kopfkino: Der Junge denkt: „Sie denkt nicht an mich." → „Sie hat mich vergessen." → „Sie interessiert sich für einen anderen." → „Vielleicht treffen sie sich gerade."
3. Ausstieg: Sein Freund rät ihm, sie einfach anzurufen und zu fragen, was los ist. Das macht er.
4. Auflösung: Seine Freundin sagt, dass sie noch bei der Nachhilfe war und sich später melden wollte.
Der Junge ist erleichtert.

Beobachte dich selbst: Läuft manchmal so ein Kinofilm in deinem Kopf ab?
✎ Schreib ihn auf! Was hat dir geholfen, „aus dem Film auszusteigen"?

....

....

....

....

....

Meine wichtigsten Menschen

Denk an dein Leben in Deutschland. Wer sind deine wichtigsten Menschen **hier**? Wer hilft dir zum Beispiel, wenn du traurig bist oder Probleme hast?

✏ Schreib den Namen eines ganz wichtigen Menschen in den Kreis neben dir.
✏ Zeichne weitere Kreise und schreib Namen hinein.

Zeichne und schreib in den nächsten Wochen und Monaten hier weiter!

— *Tipp:* Manchmal ist dieser Mensch nicht in deiner Nähe, sondern in einem anderen Land. Wenn du allein nach Deutschland gekommen bist und noch nicht 18 Jahre alt bist, bekommst du einen Vormund, meistens einen Amtsvormund. Der hat oft sehr viele Mündel und nicht so viel Zeit. Mehr Zeit hat ein Privatvormund. Frag deine Betreuer⚥ danach. Schau im Logbuch auf die vorletzte Seite: Beim BumF kannst Du mehr erfahren.

Ich vernetze mich*

Wo kannst du in einer neuen Stadt Leute kennen lernen?
Wohin gehst du regelmäßig?

✏ Zeichne einen Kreis und schreib den Namen des Ortes darunter (*zum Beispiel: Schule, Sportverein, Bibliothek*)

Welche Freunde hast du dort kennen gelernt?
Schreib die Namen in den Kreis!
Zeichne dann eine Linie zwischen (Ich) und diesem Kreis.
Zeichne und schreib weiter, bis alle wichtigen Orte und Menschen auf der Seite sind.

Wohin könntest du noch gehen?
Frag andere Personen nach interessanten Orten und zeichne hier weiter.

(Ich)

Bibliothek   Schule   Verein   Stadtfest   Club   Park
Bolzplatz   Schwimmbad   Jugendzentrum   Deutschkurs   Sportverein

* sich vernetzen — sich verbinden, zum Beispiel: neue Leute kennen lernen, Freunde finden, zusammen Spaß haben, sich gegenseitig helfen

ICH IM NEULAND 36

Meine Mission 4

STELL FRAGEN!

> „Männer und Frauen sind gleichberechtigt*."
> Grundgesetz, Artikel 3

So sagt es das Grundgesetz**, also die Verfassung.

Aber wird dieses Ideal*** auch im Alltag erreicht?
Sind Frauen und Männer in Deutschland tatsächlich gleichberechtigt*?

Find es heraus!

▶ Geh auf verschiedene Frauen und Männer zu und frag sie!
Erzähl auch von der Situation in dem Land, aus dem du kommst!

— *Tipp:* Hier findest du das ganze Grundgesetz: www.bpb.de/shop > Bücher > Rechtsreihe > Grundgesetz

* gleichberechtigt — mit den gleichen Rechten (↑ Recht)
** das Grundgesetz / die Verfassung — die Regeln in einem Staat
*** das Ideal — ein sehr hohes Ziel, das erreicht werden soll

Datum

Ort

Stress

Ein Waldspaziergang

ICH SELBST 37

▶ Geh durch einen Wald oder Park und such ein besonders schönes Blatt. Welche schönen Gedanken (↑ Gedanke) hattest du dabei im Kopf?

✎ Schreib sie hier auf! Kleb das Blatt hier ein!

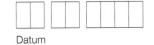

„Jungen sind so..."

Welche Wörter passen deiner Meinung nach zu Jungen?
Umkreis die Wörter.

GEFÜHLE ZEIGEN *schüchtern* gerne reden
Sport machen **KOCHEN** fleißig **RESPEKT HABEN**
HÖFLICH viel lernen **MUTIG** *romantisch*
spazieren gehen Alkohol trinken **SENSIBEL**
PARTY MACHEN *Kleidung einkaufen gehen*

✎ Was fällt dir noch ein? Schreib es dazu!

✎ Ergänz die Sätze:

Jungen sollen ....
....
....

Jungen sollen nicht ....
....
....

💬 Tausch dich mit Freunden aus! Welche Wörter passen zu Mädchen und welche passen zu Jungen? Passen Wörter für beide?

Datum Ort Stress

„Mädchen sind so..."

Welche Wörter passen deiner Meinung nach zu Mädchen?
Umkreis die Wörter.

GEFÜHLE ZEIGEN *schüchtern* gerne reden
Sport machen **KOCHEN** fleißig **RESPEKT HABEN**
HÖFLICH viel lernen **MUTIG** *romantisch*
spazieren gehen Alkohol trinken **SENSIBEL**
PARTY MACHEN *Kleidung einkaufen gehen*

✏ Was fällt dir noch ein? Schreib es dazu!

✏ Ergänz die Sätze:

Mädchen sollen ....

....

....

Mädchen sollen nicht ....

....

....

💬 Tausch dich mit Freunden aus! Welche Wörter passen zu Mädchen und welche passen zu Jungen? Passen Wörter für beide?

Datum — Ort — Stress

Das kann ich dir beibringen

Du hast bestimmt schon einmal einer anderen Person etwas beigebracht. Vielleicht einen Tanzschritt, ein Rezept, eine Sprache, einen Fußballtrick?

✏ Schreib es auf! Schreib es genau so, wie du es erklärt hast, wie eine Gebrauchsanweisung.
✏ Mal gern Bilder dazu.

Was möchtest du noch lernen? Wer könnte dir das beibringen?
💬 Tausch dich mit Freunden 👥 darüber aus!

Datum Ort Stress

Meine Mission* 5

ICH IM NEULAND 41

Für Dich — einfach so

▶ Tu einem anderen Menschen etwas Gutes! Mach etwas Nettes! Einfach so!

Beispiele: Sag dem Busfahrer beim Aussteigen „Danke"!
Sag etwas Nettes zu einer anderen Person!

Wie fühlt sich das an?

— *Tipp:* Noch mehr Ideen (auf Englisch): www.randomactsofkindness.org

* die Mission — ein besonderer Auftrag, eine besondere Aufgabe

Datum   Ort   Stress

ICH SELBST 42

Ich kann nicht schlafen!

Jeder Mensch kann manchmal nicht gut schlafen; Besonders, wer viel Stress* hat.

✕ Kreuz an, was dir hilft, wenn du nicht <u>einschlafen</u> kannst.

- ☐ heißen Kakao trinken
- ☐ ruhige Musik hören
- ☐ Zimmer gut lüften
- ☐ am Tag viel Sport machen
- ☐ keinen Alkohol trinken
- ☐ keine Energydrinks trinken
- ☐ nicht vor dem Schlafen stundenlang fernsehen
- ☐ ....
- ☐ ....
- ☐ ....

✕ Kreuz an, was dir hilft, wenn du nachts <u>aufwachst</u> (↑ *aufwachen*).

- ☐ Licht anmachen
- ☐ Wasser trinken
- ☐ aufs Sofa setzen, bis du wieder müde bist
- ☐ Tee machen
- ☐ Tagebuch schreiben
- ☐ Übung „Hier ist es schön" machen (Seite 07)
- ☐ Wärmflasche machen
- ☐ Lieblingsmusik hören
- ☐ ....
- ☐ ....

Hinweis: Wenn du wenige Tage nicht gut schläfst, ist das nicht schlimm. Dein Körper schafft es dann trotzdem, sich in der Schule zu konzentrieren.

💬 Tausch dich mit Freunden⚥ aus! Was hilft ihnen?

— *Tipp:* Wenn du oft Probleme mit dem Schlafen hast, dann sprich mit Freunden⚥ und Familie, Lehrern⚥ oder einem Psychotherapeuten⚥ darüber.

* der Stress — Belastung, Druck durch Probleme

Datum | Ort | Stress

Entspannung!

✏ Mal das Bild bunt aus und versuch, an nichts zu denken. Du kannst dabei deine Lieblingsmusik hören.

💬 Überleg nach der Aufgabe: Wie hast du dich beim Malen gefühlt?
Schreib deine Gedanken (↑ *Gedanke*) hier auf:

....

— *Tipp:* Mehr solcher Bilder findest du kostenlos im Internet zum Ausdrucken. So ein Bild heißt Mandala.

Datum

Ort

Stress

Liebe ist für mich ...

Du bist mit einem Jungen oder einem Mädchen zusammen.
Was ist dir in der Partnerschaft wichtig?

✎ Schreib eine Liste!

Datum

Ort

Stress

Das nervt!

Was nervt dich? ✏ Schreib 10 Dinge auf!

Was nervt dich am meisten? Kreis es ein!

💬 Tausch dich mit Freunden 👥 aus! Was haben sie geschrieben?

— *Tipp:* Listen kannst du auch für andere Dinge machen: Aufgaben, Wünsche …

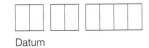

ICH SELBST 46

Das macht mich glücklich

Was macht dich glücklich?

✏ Schreib eine Liste. Auch ganz kleine Dinge können glücklich machen.

....
....
....
....
....
....
....
....
....
....
....

💬 Tausch dich mit Freunden aus!
Was macht sie glücklich?

Datum Ort Stress

Meine Welt in Bildern

▶ Geh nach draußen. Such in der Umgebung ein Motiv*.

✏ Beschreib dieses Bild in einem Text. Verhalte dich dabei wie ein Fotograf☺.
Wähl einen interessanten <u>Ausschnitt</u>, eine gute <u>Entfernung</u>, das richtige Licht.

Finde weitere Motive!

Ich sehe

Hier ist

* das Motiv — etwas, das ein Maler☺ oder ein Fotograf☺ künstlerisch darstellt

Datum   Ort   Stress

MEINE WELTEN 48

Wer macht was in der Familie?

Wer sollte welche Aufgaben (↑ *Aufgabe*) in der Familie haben? Und wie war das in deiner Familie?
✗ Kreuz an. Es gibt kein Richtig oder Falsch.

	Ich finde, so sollte es sein:			So war es in meiner Familie:			So war es bei meinen Großeltern:		
	Frau	Mann	Kinder	Mutter	Vater	Kinder	Großmutter	Großvater	Kinder
kochen	☐	☐	☐	☐	☐	☐	☐	☐	☐
sich um Kinder kümmern	☐	☐	☐	☐	☐	☐	☐	☐	☐
putzen	☐	☐	☐	☐	☐	☐	☐	☐	☐
waschen	☐	☐	☐	☐	☐	☐	☐	☐	☐
einkaufen	☐	☐	☐	☐	☐	☐	☐	☐	☐
Geld verdienen	☐	☐	☐	☐	☐	☐	☐	☐	☐
lernen (Schule / Ausbildung / Studium / Deutschkurs)	☐	☐	☐	☐	☐	☐	☐	☐	☐
zur Behörde gehen	☐	☐	☐	☐	☐	☐	☐	☐	☐
Formulare ausfüllen	☐	☐	☐	☐	☐	☐	☐	☐	☐
....	☐	☐	☐	☐	☐	☐	☐	☐	☐

💬 Tausch dich mit Freunden aus! Wie wünschen sie sich die <u>Verteilung</u> der Aufgaben?

— **Tipp:** Hier findest du weitere Information zu diesem Thema: www.bpb.de > Suche: „unbezahlte Arbeit"

Datum Ort Stress

Musik, die mich glücklich macht

Welche Musik macht dich glücklich?

Datum   Ort   Stress

Alles raus

Schau auf die Uhr. Du hast 3 Minuten.
✎ Fang an zu schreiben und hör nicht auf, bis die Zeit vorbei ist.
Es ist egal, was du schreibst, in welcher Sprache du schreibst, ob du schön oder nicht schön schreibst, ob du am Ende nur noch *llllll* schreibst. Wichtig: Hör in dieser Zeit nicht mit dem Schreiben auf!

00:00

03:00

Datum

Ort

Stress

Mein Lieblingsrezept

Was ist dein Lieblingsessen?
✏ Schreib oder 🖌 zeichne das Rezept.

▶ Zeig einem Freund⚥ oder Mitschüler⚥, wie du dein Essen kochst.

Ich koche _____

Zutaten:
....
....
....
....

....
....
....
....

Guten Appetit!

Datum Ort Stress

ICH SELBST 52 — Mein **Tagebuch** in der **Zukunft**

Stell dir vor, es ist das Jahr 2026.
✎ Du schreibst in dein Tagebuch und erzählst von deinem Leben im Jahr 2026. Alles ist möglich.

1. Januar 2026

Ich bin jetzt ...... Jahre alt.

— *Tipp:* Hier kannst du dir selbst einen Brief schreiben und in ein paar Jahren zuschicken lassen: www.brief-in-die-zukunft.de

Datum Ort Stress

Ich schaffe es!

Deutschland ist ein Land der Formulare (↑ Formular) und Anträge (↑ Antrag). Du schaffst es: Schritt für Schritt, Formular für Formular, Brief für Brief, Dokument für Dokument, Zeugnis für Zeugnis.

In der Vergangenheit: Wie oft warst du in Deutschland bei einer Behörde?
✕ Kreuz so viele Felder an.
Ab jetzt: Kreuz ein weiteres Feld an, jedes Mal wenn du bei einer Behörde warst.

Hast du drei Behörden-Termine geschafft? Gut gemacht!
Belohn dich (↑ sich belohnen) selbst und mach etwas Schönes!

ICH SELBST 54

Meine Vorbilder*

★★★ ★ ★★★

Diese Frau
finde ich super:

Weil sie …

Das möchte ich von ihr lernen:

★★★ ★ ★★★

Diesen Mann
finde ich super:

Weil er …

Das möchte ich von ihm lernen:

*Vorbilder, das Vorbild — Personen, die als gutes Beispiel gesehen werden

Datum Ort Stress

Mein starker Gedanke

Wie motivierst (↑ *motivieren*) du dich? Was gibt dir Kraft, wenn der Weg schwer ist?
Hast du einen Gedanken, der dir dann hilft?

✏ Schreib deinen Gedanken auf! ✏ Gestalte diese Karte. Schneide sie aus und häng sie in deinem Zimmer auf.

چون لب خموش باشد، دل صد زبان شود.
Wenn die Lippen schweigen, hat das Herz hundert Zungen.
— Rumi, Sprichwort auf Persisch

Bir elin nesi var iki elin sesi var.
Viele Hände machen bald ein Ende.
— Sprichwort aus der Türkei

Zùmùntaa à k'afà takè.
Freundschaft muss man pflegen.
— Sprichwort der Hausa

dadaalka, dulqaadka iyo samirku waxay kaa caawin karaan inaad horumar kasta gaadho u dhabar adayg dhibkasta oo kaa hor timaada
Wenn ich jeden Tag zur Schule gehe, habe ich die Chance auf eine gute Zukunft. Man muss seinem Herzen sagen, dass alles gut wird.
— Abdikariim, auf Somali

Noch mehr starke Gedanken

Ergänz starke Gedanken (↑ Gedanke)! Wenn du möchtest, lass auch deine Freunde hier etwas schreiben ...

*Ka ndenge ndoge m'mi wobgo
ye ya ngon weogo m'mi wobgo.*

Nicht derjenige, der zuerst geboren wurde, kennt einen Elefanten, sondern der, der den Wald kennt.
— Sprichwort der Mòoré

**It's not how good you are,
it's how good you want to be.**

Es kommt nicht darauf an, wer du bist, sondern wer du sein willst.
— Paul Arden, Sprichwort auf Englisch

على قدر حُلمك تتسع الارض

Solange du träumst, wird die Erde größer.
— Arabisches Sprichwort

*Wer sagt, hier herrscht Freiheit, der lügt,
denn Freiheit herrscht nicht.*
— Erich Fried, Sprichwort auf Deutsch

Meine Party

ICH SELBST 57

Plan eine große Party für dich und deine Freunde!

Wen lädst du ein?

Was gibt es zu essen und trinken?

Wie sieht deine Einladungskarte aus?

Welche Musik hört ihr?

Was ziehst du an?

Gibt es ein Thema*?

Wo ist deine Party?

Wie sieht die Dekoration aus?

Gibt es einen besonderen Grund für deine Party?
(Beispiele: Aufenthaltstitel bekommen, Schulabschluss geschafft)

* das Thema — Hier ist gemeint, ob es eine Überschrift für die Party gibt.
Zum Beispiel: Schwarz-Weiß-Party und alle Gäste kommen in schwarzer oder weißer Kleidung.

Datum | Ort | Stress

Politische Begriffe

Das Asyl / der Asylantrag – Ganz allgemein bezeichnet Asyl einen sicheren Ort, der dich vor Gefahren wie Verfolgung schützt. Asyl gehört zu den wichtigsten europäischen und deutschen Rechten. Anrecht auf Asyl haben alle Menschen in Deutschland, die in ihrem Herkunftsland verfolgt sind. Es gibt dabei verschiedene Arten von Asyl: Asyl nach dem deutschen Grundgesetz oder internationalen Schutz. Alle geben dir Schutz. Wenn du Asyl brauchst, sagst du das dem Jugendamt und, wenn du bereits einen hast, deinem Vormund. Sie müssen dann für dich einen schriftlichen Antrag beim Bundesamt für Migration und Flüchtlinge (BAMF) in Nürnberg stellen. Wer Asyl oder internationalen Schutz bekommt, darf erstmal in Deutschland bleiben. Nach frühestens einem Jahr, meistens nach drei Jahren, wird dann der Schutz verlängert, wenn weiter Gefahr für dich besteht.

Die Ausländerbehörde – ist eine Behörde, die du in jeder Stadt und in jedem Landkreis in Deutschland finden kannst. Sie entscheidet über deinen Antrag auf humanitären Aufenthalt oder Aufenthalt für eine Ausbildung, wenn du keinen Asylantrag stellst. Wenn du Asyl bekommen hast, gibt sie dir deinen Aufenthaltstitel. Die Mitarbeiter⚥ können dir auch erklären, ob du deine Familie zu dir nach Deutschland holen kannst.

Das Bundesamt für Migration und Flüchtlinge (BAMF) – ist eine staatliche Behörde. Wenn du in Deutschland einen Asylantrag stellst, führt ein Mitarbeiter⚥ des BAMF ein Interview mit dir. Dort wird geprüft, ob du Schutz brauchst. Dann entscheidet das BAMF, welchen Schutz du bekommst.

Der Bundesfachverband umF (BumF) – ist eine nichtstaatliche Organisation, die sich für die Rechte von unbegleiteten minderjährigen Flüchtlingen (umF) und begleiteten minderjährigen Flüchtlingen (mF) sowie für junge Volljährige einsetzt. Der BumF arbeitet für eine Verbesserung der Situation junger Geflüchteter, so dass sie sich ein eigenes Leben aufbauen können.

Die Bundesrepublik Deutschland – Deutschland liegt in der Mitte Europas. Es grenzt an neun Länder. In Deutschland leben etwa 80 Millionen Menschen. Am 23. Mai 1949 wurde das Grundgesetz für die Bundesrepublik Deutschland verkündet. Dort ist festgelegt, dass die Bundesrepublik Deutschland ein demokratischer und sozialer Bundesstaat ist. Das bedeutet, dass der Staat demokratisch organisiert sein muss. „Sozial" heißt, dass Menschen, die hier leben, nicht alleine auf sich angewiesen sind, wenn sie Hilfe brauchen. Die Politik hilft ihnen.

Gleichberechtigung – heißt, dass alle Menschen die gleichen Rechte haben. So steht es auch im Grundgesetz. Trotzdem gibt es noch viele Benachteiligungen. Viele Organisationen setzen sich dafür ein, dass gleiche Rechte wirklich für alle gelten.

Das Grundgesetz – Das Grundgesetz ist die Verfassung der Bundesrepublik Deutschland. Darin stehen die wichtigsten Spielregeln, die für das Zusammenleben der Menschen wichtig sind. Alle Behörden, Gerichte, alle Bürger⚥ müssen sich daran halten. Daran muss sich jeder⚥ halten. Das Grundgesetz beginnt mit den Grundrechten (Artikel 1–19). Diese gelten für alle Bürger⚥ und dürfen niemals abgeschafft werden.

Das Jugendamt – ist eine Behörde, die du in jeder Stadt und in jedem Landkreis in Deutschland finden kannst. Sie muss dafür sorgen, dass es allen Kindern und Jugendlichen gut geht und unterstützt junge Erwachsene bis zum 18. Lebensjahr bei Problemen in ihrem Leben. Kinder und Jugendliche, die ohne Eltern leben, müssen vom Jugendamt in Obhut genommen werden: das heißt in Einrichtungen für Kinder und Jugendliche mit Betreuung, um ein normales Leben führen zu können. Das Jugendamt übernimmt alle Kosten für dich, solange du noch nicht 18 Jahre alt bist. Wenn du unter 21 Jahren bist und Hilfe brauchst, kannst du dich an das Jugendamt wenden und um Unterstützung bitten. Dann kann das Jugendamt weiter die Kosten z. B. für die Unterbringung übernehmen. Auch wenn du älter bist geht das, aber dann nur in Notfällen.

Die Meinungsfreiheit – Eine Meinung ist das, was du über jemanden denkst und das, was du über etwas denkst. Meinungsfreiheit ist das Recht, frei und öffentlich zu sagen, was du denkst.

Die Partizipation – In dem Wort Partizipation steckt part, was Teil heißt. Vielleicht verstehst du das Englische *to be part of something* – Teil von etwas sein. Partizipation bedeutet also Teilhabe, Beteiligung, Mitbestimmung und Einbeziehung. Das kann für dich zum Beispiel bedeuten, dass du das Recht hast, bei allen Gesprächen oder Entscheidungen, die dich betreffen, dabei zu sein, mitzusprechen und gehört zu werden.

Deine Privatsphäre – ist dein ganz persönlicher Bereich. Privat ist das Gegenteil von öffentlich. Ein Text, der in einer Zeitung steht, ist öffentlich. Dein Logbuch Neuland ist privat, also nur für dich persönlich. Indem du darauf achtest, schützt du deine Privatsphäre.

Angeborene Rechte – das sind die Rechte, die jedem Menschen ohne staatliche Verleihung kraft seiner menschlichen Natur zustehen, z. B. die Menschenwürde, das Recht auf Leben (Menschenrechte).

Der Respekt – eine Haltung, mit der du zeigst, dass du jemanden achtest.

Die Schulpflicht – bedeutet, dass alle Kinder zur Schule gehen müssen. Alle Kinder haben weltweit das Recht, eine Schule zu besuchen. Das sagt Artikel 28 der UN-Kinderrechtskonvention. In Deutschland müssen Kinder zur Schule, sobald sie 6 Jahre alt sind. Staatliche Schulen kosten kein Geld. Wer die Schule erfolgreich beendet, erhält einen Schulabschluss. Der Schulabschluss wird mit einem Abschlusszeugnis schriftlich festgehalten.

Das Sozialamt – ist eine Behörde, die du in jeder Stadt und in jedem Landkreis in Deutschland finden kannst. Ihre Aufgabe ist es, allen Erwachsenen zu helfen, die sich in Not befinden und sich nicht selbst helfen können. Das ist zum Beispiel dann, wenn jemand nicht arbeiten kann oder eine schwere Krankheit hat. Das Sozialamt zahlt erwachsenen Flüchtlingen und Familien während des Asylverfahrens Geld aus und organisiert eine Unterkunft. Später, wenn der Asylantrag positiv entschieden wurde, ist das Jobcenter dafür zuständig. Bist du ohne Eltern in Deutschland, ist für dich bis zum 18. Geburtstag das Jugendamt zuständig.

Die Würde – Du hast deine Bedeutung und deinen Wert, ganz egal, wo du herkommst, wie alt du bist, welches Geschlecht du hast. Dabei ist es auch egal, ob du arm bist oder reich, welche Religion du hast, wie du aussiehst oder was du gemacht hast. Du hast deine ganz eigene Würde, die sich aus deinem Menschsein ableitet. Du musst respektiert werden und andere respektieren. Die Menschenwürde muss geschützt werden. Das steht im Grundgesetz der Bundesrepublik Deutschland, Artikel 1.

Frei nach:

www.bpb.de > Nachschlagen > Lexika > Das junge Politik-Lexikon

www.hanisauland.de > Lexikon

www.bpb.de > Nachschlagen > Lexika > Lexikon der Wirtschaft

www.bpb.de > Nachschlagen > Lexika > Recht A–Z

www.b-umf.de > Publikationen > Willkommensbroschüre > Behörden und Organisationen
b-umf „Handlungskonzept Partizipation" (2013)

www.duden.de > Online-Wörterbuch

www.goethe.de/lrn/prj/wnd/deindex.htm > Glossar

Hinweise

Weiterführende Internetadressen

Ankommen und Asyl

www.bamf.de
Bundesamt für Migration und Flüchtlinge: Gesetzliche Bestimmungen, Informationen und Beratung

www.bpb.de/gesellschaft/ migration/kurzdossiers
Vielfältige Informationen zu Zuwanderung, Flucht und Asyl

www.asyl.net/index.php?id=337
Ablauf des Asylverfahrens in verschiedenen Sprachen

www.asyl.net/index.php?id=338
Ablauf des Asylverfahrens für Jugendliche

www.proasyl.de
Pro Asyl

www.fluechtlingsrat.de
Flüchtlingsräte der Bundesländer

www.b-umf.de
Bundesfachverband Unbegleitete Minderjährige Flüchtlinge

www.drk-suchdienst.de
Suchdienst des Deutschen Roten Kreuzes

http://familylinks.icrc.org/ europe/en/Pages/Home.aspx
Suchdienst in Europa

Kontakt zu Gleichaltrigen

www.jogspace.net
Jugendliche ohne Grenzen (JOG) ist ein 2005 gegründeter bundesweiter Zusammenschluss von jugendlichen Flüchtlingen mit Regionalgruppen in vielen Bundesländern

Hilfe bei seelischen Problemen

www.verrückt-na-und.de > FACT
Irrsinnig Menschlich e.V. Informationen für Jugendliche: Was stark macht und was krank macht.

www.baff-zentren.org
Hier gibt es Informationen zu Psychotherapeuten für Flüchtlinge: Bundesweite Arbeitsgemeinschaft Psychosozialer Zentren für Flüchtlinge und Folteropfer e.V.

Politische Bildung

www.hanisauland.de
Junges Politik-Lexikon

www.bpb.de > Suche: mit deinen Stichworten

Meine Rechte

www.b-umf.de > Publikationen > Willkommensbroschüre
Informationen für unbegleitete, minderjährige Geflüchtete

www.nds-fluerat.org > Suche: Broschüre Erstinformation
Broschüre (PDF) als Erstinformation für Asylsuchende des Flüchtlingsrates in Niedersachsen

www.kinderrechtskonvention.info
Informationen zum Übereinkommen für die Rechte von Kindern

Gegen Diskriminierung und Rassismus

www.antidiskriminierungsstelle.de
Hier kannst du bundesweite Beratungsstellen im Fall einer Diskriminierung suchen

www.neras.de > Beispiele
NeRaS interessiert sich für deine Erfahrungen mit Rassismus an Schulen

www.antidiskriminierung.org
Beim Antidiskriminierungsverband kannst du Diskriminierungen melden

www.phoenix-ev.org
Phoenix e.V. für eine Kultur der Verständigung

www.isdonline.de
Initiative Schwarze Menschen in Deutschland

Alltag in Deutschland

www.refugeeguide.de
Wie verhalten sich Menschen in Deutschland? Was ist in welcher Situation üblich? (in vielen Sprachen)

www.ab-in-die-wohnzimmer.de
Was macht Deutschland lebenswert? Auszubildende fragen Menschen, die vor längerer Zeit nach Deutschland gekommen sind.

Deutsch lernen

www.welcomegrooves.de
Deutsch lernen mit Musik

Freizeit

www.brief-in-die-zukunft.de
Schreib dir selbst einen Brief und bekomm ihn in Monaten oder Jahren erst zugeschickt.

Weitere bpb-Publikationen

Das Heft über Grundrechte, 24 Seiten

— *Was geht? Menschenwürde & Co*
Bestell-Nr. 9611

Bastelbogen aus Pappe im DIN-A3-Format

— *Erde – Bastelglobus*
Bestell-Nr. 5446

— *Grundrechte (deutsch-englisch / deutsch-arabisch)*, Plakat
Bestell-Nr. 5441

Heft in einfacher Sprache, 52 Seiten

— *einfach Politik: Das Grundgesetz. Über den Staat*
Bestell-Nr. 9428

Dieses Logbuch wird von der **Bundeszentrale für politische Bildung / bpb** herausgegeben. Die bpb ist eine Behörde. Ihr Ziel ist, dass alle Menschen in Deutschland wissen, wie die Demokratie funktioniert und wie sie selbst politisch aktiv werden können. Auf der Homepage www.bpb.de findest du viele Informationen, Karten von Deutschland, Europa und der Welt (www.bpb.de/shop/lernen/karten), Spiele und vieles mehr. Die bpb veranstaltet auch Konferenzen und Seminare speziell für Jugendliche: www.bpb.de/veranstaltungen/zielgruppe/jugend.

DER TIMER KOMMT. JEDES JAHR IM JUNI.

Der informative Notizkalender der Bundeszentrale für politische Bildung/bpb im DIN-A5-Format auf 160 Seiten. Tag für Tag Interessantes und Erstaunliches aus Politik, Zeitgeschichte, Kultur und Gesellschaft. Mit ausführlichem Serviceteil, Stundenplänen, Landkarten, Formelsammlungen und vielen Links und Adressen.

www.bpb.de/timer
www.facebook.de/bpbtimer

Bundeszentrale für politische Bildung

HOLT EUCH DIE TIMER-APP!

7 Tage die Woche: Infos aus aller Welt, Zitate, Quiz und vieles mehr.